O QUE É ECONOMIA

PAUL SINGER

O QUE É ECONOMIA

Copyright © 1998 Paul Singer

Todos os direitos desta edição reservados à
Editora Contexto (Editora Pinsky Ltda.)

Projeto gráfico e diagramação
ABBA Produção Editorial Ltda.
Texto & Arte Serviços Editoriais

Capa
José Luiz Juhas

Revisão técnica
Adhemar Martins Marques

Revisão
Rose Zuanetti
Nanci Ricci
Texto & Arte Serviços Editoriais

Dados Internacionais de Catalogação na Publicação (CIP)
(Câmara Brasileira do Livro, SP, Brasil)

Singer, Paul, 1932-2018
O que é economia / Paul Singer. – 7. ed., 5ª reimpressão. –
São Paulo : Contexto, 2025.

ISBN 978-85-7244-089-9

1. Economia. I. Título. II. Série

98-0488   CDD-330

Índice para catálogo sistemático:
1. Economia   330

2025

EDITORA CONTEXTO
Diretor editorial: *Jaime Pinsky*

Rua Dr. José Elias, 520 – Alto da Lapa
05083-030 – São Paulo – SP
PABX: (11) 3832 5838
contato@editoracontexto.com.br
www.editoracontexto.com.br

Proibida a reprodução total ou parcial.
Os infratores serão processados na forma da lei.

SUMÁRIO

Os vários significados do termo "economia"   7

A economia como atividade   9

A economia como ciência   14

A regulação pelo mercado do modo
de produção capitalista   18

Um pouco de história da economia   26

Os temas contemporâneos da economia   44

Adendo   59

Sugestões de leitura   63

OS VÁRIOS SIGNIFICADOS DO TERMO "ECONOMIA"

Podemos distinguir pelo menos três significados do termo "economia". O *primeiro* é a qualidade de ser estrito ou austero no uso de recursos ou valores. Quando dizemos que Dona Maria é uma boa dona de casa *econômica*, isso significa que Dona Maria trata de comprar pelo menor preço, nunca cozinha mais do que vai ser comido, evita que as coisas se estraguem... Dona Maria não é desperdiçadora, nem leviana, nem mão-aberta. O *segundo* significado é a característica comum de uma ampla gama de atividades que compõem a "economia" de um país, de uma cidade etc. Como veremos a seguir, não é fácil definir com precisão o que é "economia" neste sentido; por enquanto, vamos nos contentar com a noção comum de que uma atividade é "econômica" quando visa ganho pecuniário, ou seja, quando proporciona a quem a exerce um rendimento em dinheiro. E o *terceiro* significado se refere à ciência que tem por objeto a atividade que dá o segundo significado. A economia (ciência) é a sistematização do conhecimento sobre a economia (atividade).

Neste livro discutiremos as noções da disciplina científica e o faremos tendo sempre como referência a atividade. Veremos que tudo o que se refere à economia é sempre controverso, desde o sentido do que é economia enquanto atividade até o *status* científico da economia enquanto disciplina. Estas controvérsias já se travam há mais de duzentos anos e apaixonaram grandes espíritos, cujas ideias inspiraram revoluções e contrarrevoluções, em todas as latitudes. Estamos hoje tão longe de um acordo como nunca, embora haja progresso na compreensão do que está em jogo e na comprovação prática das teses básicas das principais escolas. Depois de cento e cinquenta anos de prática de capitalismo liberal e de cinquenta anos de capitalismo dirigido e de planejamento central, chegou o momento de a experiência histórica realimentar, inovando-a, a prática teórica.

A ECONOMIA COMO ATIVIDADE

Comecemos então pela atividade econômica. A ciência se divide a seu respeito, pois enquanto uma escola – de inspiração *marxista* – a concebe como sendo *social*, a outra – de tradição *marginalista* – a concebe como sendo *individual*. Para os marxistas em sentido amplo[1], a atividade econômica é sempre coletiva, é sempre realizada por uma sociedade, que pode ser uma nação ou uma tribo. A economia é praticada mediante uma divisão social de trabalho, na qual os diversos grupos se especializam na execução de tarefas distintas, todas contribuindo para a produção e circulação de determinada quantidade de produtos, que podem ser bens (materiais) ou serviços (imateriais). A atividade econômica é aquela, portanto, que se realiza no quadro da divisão social do trabalho. Faz parte dela o trabalho do operário na fábrica, do agricultor no campo, da comerciária na loja, do bancário atrás do guichê.

Há outras atividades, como as do diretor de empresa, do financista, do advogado, do policial, do diplomata, do fiscal etc., que não contribuem nem para a produção nem para a circulação de mercadorias. Não obstante, fazem parte da divisão social do trabalho, sendo essenciais à ordem institucional, que assegura os privilégios da classe dominante. Apesar disso, essas atividades integram a economia tanto quanto as demais.

---

[1] Há os marxistas que assim se consideram e há outros cuja concepção de mundo é inspirada em Marx. Incluo-me entre estes. Não sou marxista pelos mesmos motivos por que Marx não o era. Mas uns e outros são "marxistas" no amplo sentido adotado no texto.

O fundamental, nesta abordagem, é que cada indivíduo desempenha na economia um papel, que lhe é oferecido pela forma histórica assumida pela divisão social do trabalho. Se esta forma for, por exemplo, o escravismo colonial (como existiu no Brasil, até 1888), haverá indivíduos exercendo os papéis de escravo do eito, mucama, feitor, mercador de escravos etc. Se a divisão social do trabalho se tornar capitalista (como ocorreu no Brasil, após 1888), aqueles papéis desaparecerão e em seu lugar surgirão outros, como os mencionados nos dois parágrafos anteriores. É a sociedade como tal que determina o seu modo histórico de produzir, e é ela também que eventualmente o altera. Os indivíduos já nascem, por assim dizer, nos modos preexistentes de produção, e são condicionados a assumir papéis ofertados por tais modos. Ninguém nasce operário ou bancário, nem policial ou financista. Tais papéis são criações sociais, e seu preenchimento por determinados indivíduos tem muito pouco que ver com a "vocação" ou com as "inclinações naturais" deles. O modo de produção hierarquiza os participantes na atividade econômica em classes sociais, e estas se constituem e se reproduzem não por decisões individuais, mas por processos sociais, tais como a diferenciação das carreiras escolares (nem todos conseguem entrar nas universidades oficiais, muitos sequer em escolas superiores privadas) e a transmissão por herança do capital privado.

Para os marginalistas, também em sentido amplo, a atividade econômica é em sua essência individual, embora reconheçam que os indivíduos, ao agirem economicamente, tendem a se relacionar entre si na divisão social do trabalho. Mas este relacionamento se dá entre agentes individuais, cada um dos quais atua autonomamente, tendo em vista apenas seus desejos ou suas necessidades. Se milhões de agentes "colaboram" entre si, constituindo firmas (algumas gigantescas), ramos de atividade e economias nacionais, cada um deles só o faz porque para ele os benefícios superam, do seu ponto de vista pessoal, os custos. O pressuposto básico é que cada indivíduo sabe o que lhe convém e é capaz de fazer um cálculo subjetivo de custos e benefícios em relação a cada oportunidade de participar da divisão social do trabalho, escolhendo a que prometer maior margem de benefícios em relação a custos. Se este pressuposto for aceito, segue-se que a economia como processo social, como conjunto de atividades interligadas de um corpo social, só se entende e só se explica como somatória das atividades de muitos agentes econômicos, cada um agindo em função do grau de satisfação que possa obter em comparação com os sacrifícios que sua atividade lhe impõe. Assim, por exemplo, a indústria automobilística só se explica pelo fato de que cada capitalista, cada diretor de empresa, cada gerente, contador, mestre e operário que nela trabalham estão maximizando sua vantagem individual nesses empregos (e não em outros, também potencialmente disponíveis). As características desse ramo industrial – sua estrutura empresarial, seus regimes de mercado, sua escala de salários, seu comportamento tecnológico etc., etc. – são resultantes das opções feitas pelas centenas de milhares de "agentes" – cada um por si – que compõem o referido ramo.

Uma possível objeção ao pressuposto marginalista seria a existência de modos de produção, como a escravidão e a servidão, em que grande parte dos agentes econômicos – constituída pelos escravos e pelos servos – não tem liberdade para optar, sendo forçada a participar da divisão social do trabalho de acordo com os desejos dos seus senhores. A resposta marginalista seria que sempre resta ao indivíduo *alguma* margem de opção. O escravo sempre pode optar entre o trabalho forçado ou o castigo corporal, entre a submissão, a rebeldia ou a fuga. Opções semelhantes existiam para os servos. A prova histórica de que tais opções havia é o fato de que os escravos e servos eram frequentemente punidos por negar-se ao trabalho, e sempre houve revoltas e fugas em massa de escravos e de servos. Se a maioria durante a maior parte do tempo se submetia aos desejos dos senhores, isso indica apenas que esta possivelmente era a "melhor opção" para eles.

Para os marginalistas, a liberdade de optar de cada um é um dado institucional, depende das regras de convivência social, que estão *fora* de seu campo de análise. A sua tarefa, enquanto economistas, é explicar a ação dos agentes econômicos em função do seu cálculo de vantagens x desvantagens, por menor que seja a margem de opções que alguns deles tenham. A explicação do fato de as diversas classes de agentes terem margens de opção muito diferentes (em dados arranjos sociais) cabe a outros cientistas sociais, como os sociólogos, antropólogos etc.

Fica claro que marxistas e marginalistas têm concepções muito diferentes sobre a economia enquanto atividade. As duas correntes pretendem explicar a mesma realidade a partir de visões de mundo opostas. Convém notar que a delimitação da própria realidade econômica é afetada por estas visões. Para os marxistas, as atividades puramente individuais, externas à divisão social do trabalho, não fazem parte da economia social que é o objeto de sua análise. Um exemplo seria "os serviços que o consumidor presta a si mesmo", ou seja, o trabalho realizado pelas pessoas ao fazer compras, guardar mantimentos, preparar comida, limpar e reparar objetos de uso etc. Tudo isso não faz parte da economia social, estudada pela economia política. Durante certo tempo, o mesmo se aplicava à atividade das donas de casa, inclusive enquanto mães de família e responsáveis pelas gerações vindouras. Mas a ressurreição do feminismo propiciou a renovação da análise do chamado "trabalho doméstico", na década de 70. Verificou-se que o trabalho das mães de família na realidade integra a divisão social do trabalho, pois produz uma mercadoria de grande importância: a força de trabalho (posta à venda pelos filhos quando atingem a idade de trabalhar). O que levou a um considerável enriquecimento da economia política (de tradição marxista), ao incorporar nela a análise das estratégias de reprodução das várias classes sociais.

Para os marginalistas, atividades individuais como "os serviços que o consumidor presta a si mesmo" integram a atividade econômica, tendo sido recentemente estudados como exercícios de preferências racionais no âmbito dos domicílios. De um ponto de vista lógico, para esta corrente *nenhuma* atividade pode ser excluída da economia, que acaba abrangendo todos os aspectos da vida humana. Um resultado interessante deste expansionismo do "econômico" é que a teorização marginalista tem sido adotada recentemente por outras disciplinas científicas. Assim, a demografia foi invadida pela "economia da fecundidade", e a ciência política pela "lógica da escolha coletiva". Os economistas, por seu lado, no entanto, sentem a necessidade de delimitar seu campo de estudo por razões "táticas", ou seja, para não ter de explicar aspectos da vida social que pertencem ao campo de outras ciências. Eles satisfazem esta necessidade adotando como critério "prático" de definição da atividade econômica a característica de ela ser remunerada. Assim, embora qualquer atividade seja "econômica", só as que visam ganho pecuniário são consideradas nas análises da realidade. A contabilidade social, inspirada no marginalismo, computa somente as atividades remuneradas, de modo que o Produto Nacional não engloba o produto do trabalho não remunerado das donas de casa; engloba porém o produto do trabalho das empregadas domésticas, por ser remunerado. O que leva ao curioso paradoxo de que o Produto Nacional diminui cada vez que um patrão casa com a empregada e a transforma em dona de casa, embora a produção realizada pela referida senhora continue a mesma.

A ECONOMIA COMO CIÊNCIA

Em face do já visto, não surpreende que marxistas e marginalistas tenham concepções muito diferentes da economia enquanto ciência. Para os marxistas, a economia política é a ciência do social, abrangendo em seu campo de estudo o conjunto de atividades que formam a vida econômica da sociedade. Metodologicamente, a economia política se encarrega de explicar ou interpretar não só a atividade essencialmente econômica, mas também suas condicionantes sociais e políticas. A concepção da economia como atividade social, ou seja, social e politicamente condicionada, impõe logicamente esta atitude. Se o fator causal básico das formas assumidas pela vida econômica é o modo histórico de produção, a economia política não pode deixar de colocar no centro de suas preocupações a estrutura de classes, o relacionamento mais ou menos conflitivo entre as mesmas no campo econômico e político, as bases institucionais do Estado e seu papel na produção e na circulação de mercadorias, na repartição da renda, na acumulação de capital, no desenvolvimento das forças produtivas etc.

A lógica da economia política seria constituí-la como ciência social total, englobando a economia, a sociologia, a politologia, quem sabe a antropologia... Mas esta tendência se choca com a realidade contemporânea da divisão social do trabalho científico, que instituiu estas disciplinas ou "ciências" como campos profissionais separados, cada uma dando lugar a uma *profissão autônoma*. Tangidos por seus interesses corporativos, economistas, sociólogos, politólogos e antropólogos tratam de afirmar a autonomia de suas "ciências", o que se reflete na prática do ensino universitário e consequentemente na prática científica como crescente afastamento entre as ciências sociais. Ora, os praticantes da economia política de inspiração marxista são, no Brasil tanto quanto em muitos outros países, sobretudo professores universitários ou profissionais de alguma das ciências sociais (inclusive economia). Por imposição das regras universitárias e do exercício profissional, estes praticantes são obrigados a fugir da lógica centrípeta da economia política e a constituir uma economia de inspiração marxista ao lado de uma sociologia de inspiração marxista, e assim por diante. Estas disciplinas se distinguem menos pelo objeto do que pela ênfase em determinados aspectos de um objeto comum, que é a formação social (complexo nacional de modos de produção articulados entre si). Assim, a economia tem como um dos seus centros temáticos mais importantes a conjuntura econômica, ao passo que a sociologia concentra mais os seus esforços nas transformações da estrutura de classes e assim por diante. Mas estas preferências temáticas não são absolutas, de modo que um economista político tem de dar conta das mudanças na estrutura de classes que afetam, por exemplo, a repartição da renda, assim como um sociólogo da mesma linhagem teórica não pode deixar de explicar os processos econômicos e tecnológicos que estão por trás das transformações sociais.

    A situação é totalmente diferente no que se refere à ciência econômica de tradição marginalista. Esta tem como modelo as ciências da natureza, cada uma das quais tem como objeto próprio um determinado "setor" do universo físico. Analogamente, as ciências do homem teriam como objeto próprio um "setor" do universo humano, o que pressupõe naturalmente que cada área comportamental guarda considerável autonomia em relação às demais. Assim, imagina-se que as pessoas tomam decisões econômicas sempre de acordo com as mesmas leis, independentemente de sua situação de classe (operários e capitalistas, por exemplo, utilizam o *mesmo* cálculo econômico para orientar sua conduta); ao mesmo tempo, imagina-se que as pessoas se relacionam socialmente de acordo com outras leis, que nada têm que ver com suas decisões econômicas. E no campo político, o comportamento de eleitores, partidos políticos e frações ideológicas seria regido ainda por outras leis, também independentes das que comandam o comportamento econômico e social.

Só assim é possível justificar a autonomia, enquanto ciência, da economia, da sociologia, da ciência política e da antropologia. No plano teórico mais abstrato, pratica-se a "economia pura", que tem como objetivo explicar a economia de mercado em seu estado de máxima perfeição, que é a *concorrência perfeita*. Embora a economia, de acordo com os cânones marginalistas, também sirva para iluminar sistemas que não são de mercado, ela se realiza por inteiro num sistema social em que os agentes tenham a máxima liberdade de decisão, pois só assim seu comportamento resultará exclusivamente de sua vontade subjetiva. Ora, o sistema social que maximiza a liberdade dos indivíduos é a economia de mercado em concorrência perfeita. Neste sistema: a) tanto vendedores quanto compradores são em elevado número, e nenhum deles é tão grande que possa sozinho influenciar o preço; b) todos os agentes conhecem todas as ofertas e todas as demandas, ou seja, sabem quanto cada comprador adquiriria a diferentes preços e quanto cada vendedor ofertaria a diferentes preços; c) todos os agentes se guiam exclusivamente por considerações econômicas, cada qual procurando maximizar sua vantagem *econômica* (nenhum agente é influenciado por fatores emocionais, por preconceitos étnicos, de sexo, de religião etc., nem por considerações políticas, e assim por diante).

Estas condições nunca se realizam na prática, mas exprimem de maneira clara a autonomização do econômico em relação ao social e ao político. As duas primeiras condições impõem grande igualdade entre os agentes: nenhum deles vende ou compra tanto, que sua conduta possa influenciar os demais; além disso, todos possuem os conhecimentos necessários para tomar a opção que melhor atende os seus interesses. A realidade social capitalista está longe de realizar estas condições: não só há marcante desigualdade entre os agentes – desde microempresas até multinacionais – como os agentes menores não têm recursos para adquirir todos os conhecimentos relevantes. Além do mais, o Estado intervém em muitos mercados, fixando ora preços mínimos (para os produtores agrícolas), ora preços máximos (para bens de primeira necessidade), algumas vezes excluindo alguns agentes (proteção dos produtores nacionais contra concorrentes estrangeiros etc.). E a terceira condição elimina a influência das outras áreas comportamentais do campo econômico, o que tampouco é real: os compradores são incessantemente bombardeados com apelos sexuais, étnicos, psicológicos pela publicidade, e é claro que se deixam influenciar por eles[2].

O artificialismo que caracteriza as condições de existência de concorrência perfeita mostra o alto grau de abstração da teoria econômica marginalista e as bases discutíveis de sua concepção fundamental: a do *homo oeconomicus* ("homem econômico", em latim), personagem sem emoções, sem *status* social nem convicções políticas, ou que se livra de todas estas particularidades no momento em que penetra no mercado, onde age com o rigor lógico de um robô, programado apenas para ganhar, ganhar, ganhar...

---

[2] A propaganda atinge seus objetivos mediante tais apelos porque o público tem preconceitos e valores sexuais, étnicos, psicológicos etc. que influem em seu comportamento "econômico", o qual nunca é regido exclusivamente pelo cálculo individual de custos e benefícios.

A REGULAÇÃO PELO MERCADO DO MODO DE PRODUÇÃO CAPITALISTA

Examinemos agora como funciona a regulação pelo mercado das atividades produtivas no capitalismo. Neste modo de produção, esta se dá em unidades chamadas *empresas*, que são propriedade privada, embora algumas possam ter o governo como proprietário. A empresa se especializa na produção de certos bens ou serviços, que põe à venda como *mercadorias*. Para poder produzir, a empresa adquire bens e serviços de outras firmas e "fatores de produção". Estes são principalmente: *força de trabalho*, pela qual paga *salário*; *espaço* (terra agrícola ou edifícios, galpões, escritórios etc.), pelo qual paga *renda da terra* ou *aluguel*; *capital* sob a forma de dinheiro, utilizado para comprar equipamentos, matérias-primas etc., e para pagar salários e aluguéis. Os fornecedores de capital são remunerados por *juros* quando prestamistas, por *dividendos* quando acionistas, ou por *lucro líquido* quando empreendedores-proprietários.

As empresas, genericamente, põem à venda mercadorias, que produzem por meio de outras mercadorias, que são: a) produtos de outras empresas e b) fatores de produção, acima enumerados. Cada empresa oferece suas mercadorias por um preço que é a soma dos seus custos (dinheiro gasto para adquirir estas outras mercadorias) e de certa margem de lucro. É desta margem que sai o pagamento das remunerações do espaço e do capital – renda da terra, aluguéis, juros, dividendos – que constituem o ganho dos proprietários.

O lucro total ou "excedente social" tende a ser *maior* que a soma daquelas remunerações; a diferença é o *lucro retido* na empresa, que serve para fazer novos investimentos, ou seja, para acumular capital.

Consideremos todas as empresas em conjunto. As numerosas transações *entre* as empresas desaparecem de vista, pois são internas ao conjunto. O setor empresarial como um todo se relaciona com as duas grandes classes sociais do capitalismo, burguesia e proletariado, do seguinte modo:

– sendo a burguesia a *classe proprietária*, as empresas lhe arrendam ou alugam o espaço e lhe adquirem por empréstimo ou inversão o capital, pagando-lhe renda da terra, aluguel, juros, dividendos etc.;

– sendo o proletariado a *classe não proprietária*, ele só pode participar da produção vendendo às empresas sua força de trabalho por salário.

Com as rendas de propriedade e de trabalho, pagas pelas empresas, burgueses e proletários, enquanto *consumidores*, compram as mercadorias que as empresas ofertam. No fundo, é como se estas pagassem salários, aluguéis, juros, dividendos e assim por diante com suas próprias mercadorias. Raciocinando assim, podemos abstrair que os pagamentos pelos fatores de produção são *inicialmente* feitos em dinheiro, que é gasto *depois* na compra dos produtos postos à venda pelas empresas, que fizeram aqueles pagamentos. Mas, fazendo esta abstração, privamo-nos da possibilidade de perceber como a produção capitalista é regulada pelo mercado.

As empresas produzem "valores de uso", que atendem a determinadas necessidades: sapatos servem para andar, leite para beber, cursos proporcionam conhecimentos e certificados, espetáculos entretêm e divertem. Tais necessidades são socialmente determinadas, ou seja, a sociedade necessita de x pares de sapatos, y litros de leite e z cursos por ano, dados os preços destas mercadorias. Mas as empresas que as produzem ignoram a dimensão das necessidades que atendem e sobretudo *cada uma* ignora o tamanho da necessidade que lhe cabe atender. E isso é assim porque, no capitalismo, as empresas competem entre si, e por isso ocultam umas das outras os seus volumes de produção e sobretudo os seus planos e intenções quanto ao futuro. Não é à toa que se diz: "O segredo é a alma do negócio". Consequentemente, as empresas atuam num ambiente de *incerteza*: enquanto produzem, não sabem se a oferta global de seu valor de uso é igual, menor ou maior que a necessidade social dele. O andamento das vendas e o valor das mercadorias alcançado *no mercado* dão ao dirigente uma boa ideia do grau em que a sua produção *passada* encontrou uma demanda solvável[3], ou seja, correspondeu à necessidade social. Mas esta informação não vale para o presente e menos ainda para o futuro. Uma empresa que vendeu bem até ontem pode hoje estar sendo expulsa do mercado devido à superioridade de um concorrente ou a uma redução da necessidade social (exemplo: boa parte das pessoas que usavam sapatos os substituem por sandálias e tênis).

O problema central da regulação do capitalismo é este, e ele é resolvido pelo uso do *dinheiro*. Trata-se do problema da realização do *valor*. Este é uma qualidade da mercadoria, a qualidade de ela ser *trocável* por qualquer outra em determinada proporção. Ora, no capitalismo, a troca direta de mercadoria por mercadoria é excepcional. O intercâmbio é indireto e passa necessariamente pelo dinheiro. É possível dizer que um par de sapatos é trocável por, ou "vale", determinado número de litros de leite. Mas, *na prática*, o dono da sapataria, para comprar leite, tem de *antes* vender sua mercadoria, convertê-la em dinheiro, para *depois*, munido de notas, ir comprar do merceeiro o leite.

Cada mercadoria tem valor unicamente porque é *vendável*, porque sempre há, em princípio, alguém disposto a comprá-la, a trocá-la por determinada quantia de dinheiro. Os sapatos na vitrine da loja, o garçom encostado na parede do restaurante, à espera de clientes, o prédio em construção coberto por cartazes oferecendo apartamentos são exemplos de *valor à espera de realização*. Cada mercadoria em oferta é

---

[3] A expressão corresponde à necessidade (demanda) que se apoia em renda capaz de satisfazê-la (solvável).

uma manifestação de valor potencial. Somente sua venda efetiva realiza o valor, inclusive fixando sua dimensão real. Pois a mercadoria exposta à venda tem um preço de oferta, o preço que o vendedor *deseja* obter por ela. Mas o comprador pode avaliá-la por menos, e no processo de barganha obter um abatimento. Neste caso, o valor real ou realizado será menor que o potencial.

A realização do valor potencial das mercadorias pressupõe a existência de dinheiro no bolso de quem tem necessidade delas. Este dinheiro é distribuído, como vimos, pelas empresas antes de se iniciar a produção, como rendas de propriedade e de trabalho. Como neste momento as empresas ainda não dispõem das mercadorias, que contêm valor potencial, elas só podem pagar aquelas vendas com *dinheiro*, que é constituído por *signos de valor* – notas do Tesouro, recibos de depósito bancário ou cheques –, que no fundo não passam de "vales" sobre a produção futura. Isso não é aparente porque o dinheiro pago por fatores, que serão utilizados para produzir mercadorias "amanhã", pode ser usado para comprar mercadorias produzidas "ontem". Tem-se a impressão de que o consumo pode preceder a produção, mas isso obviamente não é possível. Há um processo circular de produção-distribuição-consumo que está encadeado, graças à existência de reservas, de tal modo que ele pode também aparecer como consumo-produção-distribuição. Mas como *só se pode consumir o que já foi produzido*, está claro que é o consumo do produto de ontem que permite a produção amanhã. Na agricultura, a separação temporal dos ciclos é clara, e todos percebem que o cereal, que serve de semente, provém da safra passada e germinará na próxima.

O dinheiro é portanto uma promessa de valor, que se contrapõe às mercadorias à espera da realização de seu valor. Para o possuidor do dinheiro, a promessa vai se realizar quando puder trocá-lo por bens e serviços. Para os possuidores de mercadorias, o valor delas vai se realizar quando as venderem, quando as trocarem por signos de valor, que lhes permitirão recomeçar o ciclo de produção-distribuição-consumo. A fábrica de sapatos só pode continuar fabricando enquanto o valor potencial de suas mercadorias se realizar em quantia suficiente para pagar os fatores de produção (salários, aluguéis, juros etc.) e deixar um resíduo tal que possibilite uma acumulação mínima de capital. Não basta o retorno do dinheiro gasto pela empresa na produção passada. É preciso que retorne um valor a mais, uma "mais-valia"[4], como dizem os marxistas, para que a continuidade da produção seja assegurada.

Podemos agora entender como o mercado regula a produção capitalista. Esta se realiza no quadro de uma divisão social do trabalho, na qual numerosíssimas empresas se especializam na produção de uma infinidade de valores de uso. As necessidades dos consumidores, a serem atendidas por essa produção, constituem uma *demanda solvável* graças aos pagamentos de rendas pelas empresas. Esses pagamentos, como qualquer criança sabe, não são iguais. Alguns poucos ganham muito, a grande maioria ganha pouco. A distribuição da renda não possui determinantes apenas econômicos, mas também políticos e legais. Seja como for, a distribuição da renda a cada momento é dada e determina, em conjunto com outros fatores, tais como a estrutura de sexo e idade da população, a *necessidade social de cada valor de uso*. O mercado funciona de tal modo que as empresas são induzidas a produzir cada valor de uso em quantidades não muito diferentes das socialmente necessárias, isto é, das que são desejadas pelos compradores, dotados de renda em dinheiro para adquiri-las. Esta quantidade constitui a *demanda solvável* por mercadoria.

A regulação se dá através da conhecida lei da oferta e da procura. Só que esta é apresentada de modo excessivamente

---

[4] De acordo com a teoria marxista, a mais-valia corresponde à diferença entre o valor novo, agregado às mercadorias produzidas e a remuneração recebida pelo trabalhador para produzi-las.

simplificado, sobretudo pelos que veem nela um imperativo da natureza humana. A referida lei constata que se determinada mercadoria for oferecida em maior volume do que sua demanda solvável, é possível que seu preço caia – uma parte do seu valor potencial não se realiza. Os consumidores reagirão a esta queda do preço comprando mais do que comprariam ao preço anterior. E as empresas, recebendo de volta menos dinheiro do que esperavam, reduzirão a produção. A redução da oferta e o aumento da demanda corrigirão a discrepância no momento seguinte. Por outro lado, se a oferta for menor que a demanda, os efeitos serão opostos: o preço da mercadoria em questão subirá, os consumidores comprarão menor volume de mercadorias, e as empresas, obtendo uma margem de lucro acima da esperada, serão estimuladas a aumentar a produção. Assim, a queda da demanda e a elevação da oferta eliminarão o desequilíbrio que havia antes.

Ajustamentos desta natureza se dão em muitos mercados o tempo todo, e se eles bastassem para garantir que a produção nunca se desviasse da necessidade social, a economia capitalista seria muito mais estável e transparente do que realmente é. O que os entusiastas da lei da oferta e da procura ignoram é que não se trata do ajustamento de duas entidades autônomas, mas da manifestação contraditória de um processo governado por conflitos. A visão liberal do problema é que a procura por valores de uso decorre das preferências subjetivas dos indivíduos, na medida em que sua limitada renda monetária permite que se manifestem, enquanto a oferta é realizada por inúmeras empresas, desejosas de maximizar seus lucros. O fato de a renda monetária dos consumidores constituir apenas uma restrição (chamada "restrição orçamentária") torna pouco relevante a proveniência desta renda das próprias empresas.

Mas uma visão crítica do sistema enfatizaria exatamente esta ligação: quando as empresas acumulam mais capital, sua demanda pelos fatores de produção cresce, o que ocasiona um aumento das rendas de trabalho e de propriedade. Conforme este aumento afetar a distribuição da renda entre classes e segmentos de classes, a demanda por muitos valores de uso poderá se expandir. É claro que se a oferta desses valores se expandir na mesma proporção, a economia apresentará um crescimento equilibrado, exatamente como os entusiastas da lei da oferta e da procura esperariam. Mas se o aumento de demanda não coincidir com o da oferta, como é mais do que provável, um processo muito mais complexo de ajustamento terá de ocorrer.

Não é este o lugar para aprofundar a questão. Basta mencionar aqui, a título de ilustração, o paradoxo do subconsumo ou superprodução que tem se manifestado mais de uma vez no capitalismo contemporâneo. Suponhamos que a acumulação enseje um aumento maior da renda da propriedade do que da renda do trabalho. Isso poderia se dar se o número de desempregados fosse significativo e/ou se o poder de barganha dos sindicatos fosse pequeno. Uma renda maior seria distribuída de modo mais concentrado, e o aumento beneficiaria camadas já abastadas, sem necessidades de consumo insatisfeitas. Uma consequência provável seria um crescimento quase nulo da demanda em face de um aumento ponderável da oferta. A lei da oferta e da procura atuaria no sentido de baixar o preço em quase todos os mercados, e a queda dos lucros assim causada levaria a uma redução da renda distribuída pelas empresas e da sua produção. Em lugar de instaurar o equilíbrio entre oferta e demanda, o mecanismo de mercado desencadearia uma sucessão de ajustamentos sempre para baixo, configurando uma crise clássica, que tende a perdurar por anos.

A regulação da produção capitalista pelo mercado tem caráter contraditório, produzindo oscilações de conjuntura – fases de prosperidade, de crise e de estagnação –, porque a distribuição da renda é marcada por conflitos cujo resultado é imprevisível. Acontece que a distribuição da renda rege a evolução tanto da oferta como da demanda em nível global.

A própria evolução do capitalismo tem sido condicionada pelas transformações institucionais, resultantes das lutas de classes, e pelas mudanças econômicas propriamente ditas, causadas pelas revoluções científicas e tecnológicas.

UM POUCO DE HISTÓRIA
DA ECONOMIA

O modo como a produção capitalista é regulada pelo mercado pode ser interpretado de duas maneiras. Uma o vê como culminação de tendências inerentes à natureza humana de progredir em direção a uma liberdade cada vez maior do indivíduo, sobretudo no plano da atividade econômica. De acordo com este ponto de vista, a abolição da escravatura e da servidão leva à emancipação do indivíduo das peias não só da submissão de classe, mas também de todas as obrigações familiares, clânicas, comunitárias etc. A liberdade do indivíduo no mercado, enquanto consumidor e enquanto produtor, é encarada como um valor em si, que se realiza no capitalismo – sobretudo em sua fase liberal – em grau maior do que em qualquer outro sistema socioeconômico.

A esta visão se opõe outra, que vê no capitalismo uma etapa da história da humanidade, na qual se registram importantes logros, mas que nem por isso deixa de ser transitória, devendo um dia ser superada e sucedida por algum modo de produção superior. Esta visão tem a vantagem de procurar as leis de movimento, isto é, de evolução e mudança do capitalismo enquanto sistema socioeconômico. Examinaremos à luz desta interpretação crítica do capitalismo as principais etapas de sua evolução, de modo a termos o quadro histórico em que surgiu o modo atual de regulação econômica que predomina no mundo capitalista.

O capitalismo, enquanto modo de produção dominante, surgiu na Grã-Bretanha, no século XVIII, como resultado da Revolução Industrial. Foi a Primeira Revolução Industrial, marcada pela aplicação da energia do vapor à indústria e ao transporte e pela invenção de máquinas-ferramentas[5], máquinas capazes de empunhar e movimentar ferramentas com mais habilidade, precisão e força do que o agente humano. Estes avanços técnicos foram conquistados por empresários capitalistas, que passaram a usufruir de vantagens insuperáveis na produção e distribuição de mercadorias. Consequentemente, o capitalismo tornou-se dominante, primeiro na própria Grã-Bretanha, depois na Europa Continental e nos estados nortistas dos Estados Unidos.

O triunfo do capitalismo exigiu a presença de um numeroso proletariado, necessariamente recrutado no campesinato. Na Grã-Bretanha, a proletarização do camponês se fez deliberadamente pelo cercamento (*enclosure*)[6] dos campos e pela expulsão em massa dos agricultores da terra. A penetração do capitalismo na agricultura deu resultados semelhantes na Europa Continental (inclusive na Rússia) e no Japão, durante o século XIX. E no século XX, em diversos países da América Latina (inclusive no Brasil), Ásia e África. O "fator de produção" trabalho assalariado em lugar algum surgiu espontaneamente. Em sua origem, ele está quase sempre ligado à separação, em geral violenta, do pequeno produtor de suas condições de produção.

Ainda em sua etapa liberal (até 1914)[7], o capitalismo se voltou com grande dinamismo ao mercado mundial, instaurando

---

[5] Marx afirma que a transformação fundamental decorrente da Revolução Industrial foi o fato de que, até então, a ferramenta com a qual se produzia era empunhada pela mão humana; a partir do processo de industrialização, a ferramenta passa a ser acoplada a um implemento mecânico que é acionado pela energia proveniente do vapor, multiplicando, aparentemente de maneira quase infinita, a capacidade de produção.

[6] O chamado "movimento das cercas" ou cercamentos corresponde a um processo histórico de transição, ou seja, de uma agricultura até então comunitária – feudal – para uma agricultura capitalista, fruto de uma mentalidade crescentemente empresarial e cuja produção se organiza para abastecer o mercado.

[7] De uma maneira geral, os especialistas no tema admitem que, em fins do século XIX e início do século XX, o chamado capitalismo competitivo ou livre – concorrencial – foi suplantado pelo capitalismo monopolista, caracterizado pela concentração do capital e da produção, e pelo aparecimento dos trustes, cartéis e *holdings*.

uma divisão internacional do trabalho entre países do centro, exportadores de capital e de produtos industriais, e países da periferia (muitos transformados em colônias), importadores de capital e exportadores de produtos primários. O imperialismo (política praticada pelas metrópoles industrializadas) estendeu a economia de mercado a países asiáticos e africanos que viviam em modos de produção coletivistas. No Brasil, ele estimulou a expansão da cafeicultura, tocada por mão de obra escrava importada em massa da África ainda em meados do século XIX. Depois, o imperialismo se opôs ao tráfico negreiro, e quando abolimos a escravidão, os capitais europeus nos ajudaram a atrair imigrantes da Europa, de modo que a produção para o mercado mundial continuasse a se expandir.

A instauração de economias de mercado nos países periféricos era um projeto bem definido e ferozmente executado por todas as potências imperialistas da Europa, e, a partir do fim do século XIX, também pelos EUA e pelo Japão. Outras economias capitalistas foram criadas mediante o povoamento por europeus de áreas "vazias" no Canadá, na Austrália, Nova Zelândia e Argentina. O capitalismo só foi por assim dizer "autóctone" na Grã-Bretanha e em certos países da Europa Ocidental, tendo sido "exportado" de lá para o resto do mundo.

No fim do século XIX, nova onda de grandes invenções – a energia elétrica e o motor a explosão, avanços decisivos na siderurgia e na química – inaugurou a Segunda Revolução Industrial, que nas décadas seguintes trouxe o automóvel e o avião, o rádio e a televisão, a anestesia, os antibióticos e os anticoncepcionais modernos. Muitas destas inovações resultaram do esforço bélico, levado ao paroxismo pela Primeira e pela Segunda Guerra Mundial.

As guerras e a longa crise dos anos 30 produziram importantes mudanças institucionais no capitalismo: o surgimento e a expansão da democracia como regime político "normal" dos países capitalistas e a macrorregulação da economia mediante intervenção deliberada do Estado nos mecanismos de mercado.

Em sua etapa liberal, os países capitalistas restringiam os direitos políticos aos homens adultos, detentores de um mínimo de renda e/ou propriedade. Os proletários, os jovens e as mulheres não podiam votar nem ser votados[8]. Além disso, a barganha coletiva dos salários era proibida, sendo a organização sindical perseguida como prática monopolista. Mas a expansão do capitalismo trouxe consigo a multiplicação do proletariado e o gradativo fortalecimento do movimento operário. Na segunda metade do século XIX, num país após o outro, os sindicatos foram legalizados e a negociação coletiva institucionalizada. As restrições ao voto masculino foram diminuindo, enquanto crescia o movimento feminista pela emancipação política da mulher. Em 1900, no alvorecer do novo século, a Austrália foi o primeiro país a adotar o sufrágio universal e com ele a democracia.

Durante as primeiras décadas do século XX a democracia parecia avançar impetuosamente na Europa, na América do Norte e até em alguns países da América Latina. Os grandes e inúteis sofrimentos causados pela Primeira Guerra Mundial (1914-1918) serviram para desmoralizar as forças conservadoras, responsáveis pelo conflito. A Revolução Russa de 1917, que aparentemente inaugurou um regime socialista no maior país do mundo, também contribuiu para a expansão das forças democráticas. Mas, em meados dos anos 20, o fascismo venceu na Itália, espraiando-se velozmente pela Europa Central e Oriental e pela península Ibérica. A vaga nazifascista inspirou um nacionalismo de direita, virulentamente antidemocrático, nos anos que precederam a Segunda Guerra Mundial (1939-1945), no Oriente próximo e na América do Sul. A expansão da democracia do mundo capitalista, que vinha se dando

---

[8] Apenas a título de ilustração considere-se que somente em 1919, nos Estados Unidos, as mulheres obtiveram o direito de voto; no Brasil, em 1932, através da elaboração de um novo Código Eleitoral que estabelecia ainda o voto secreto e a Justiça Eleitoral.

desde as últimas décadas do século XIX, foi barrada e de certo modo revertida no período 1924-1945[9].

Ao contrário da Primeira Guerra Mundial, a Segunda teve claro sentido ideológico: o embate antepunha as democracias capitalistas, aliadas à URSS stalinista, ao Eixo nazifascista. A vitória dos Aliados propiciou um grande avanço tanto à democracia quanto a um sistema de planejamento centralizado e a um totalitarismo político e cultural. Naturalmente em países diferentes. A democracia foi restaurada principalmente na Europa Ocidental e Central, onde acabou por se consolidar. A onda democrática alcançou logo a América Latina, onde a maioria dos regimes democráticos então instaurados não teve longa vida; chegou aos poucos à Ásia e à África através da emancipação da quase totalidade das colônias e protetorados de metrópoles europeias, do Japão e dos EUA. Também em muitas ex-colônias da Ásia e da África os primeiros regimes democráticos tiveram existência precária.

Mas, na realidade, a implantação da democracia ganhou desde os anos 70 novo alento. Depois de alcançar Portugal, Espanha e Grécia, a democracia foi restaurada nos anos 80 na maioria dos países da América do Sul e em vários da Ásia (Filipinas, Coreia do Sul, Paquistão). É um processo ainda em andamento e por isso difícil de avaliar, mas não há dúvida de que nunca houve tantas democracias no mundo, em termos absolutos e relativos. Em muitos países capitalistas do centro, a democracia está sendo praticada há várias gerações, sem solução de continuidade, sendo encarada como "natural". Esquece-se com facilidade que a democracia não nasceu com o capitalismo, tendo sido "enxertada" nele pela ação revolucionária do movimento operário e do movimento feminista.

---

[9] No Brasil, o sufrágio universal e a democracia foram instaurados pela primeira vez pela Assembleia Constituinte de 1934. Três anos depois, um golpe de Estado acabou com ela. A ditadura do Estado Novo durou de 1937 a 1945.

No mesmo período de pós-guerra, o "socialismo real" à moda russa foi imposto pelas tropas soviéticas a diversos países da Europa Oriental; ele triunfou, através de revoluções vitoriosas, na China (1949), em Cuba (1959), em Angola e Moçambique (1974) e no Vietnã (1975)... Não foi uma marcha tranquila, sendo marcada por reviravoltas, expurgos, rebeliões e intervenções militares. Seja como for, o "socialismo real" se expandiu e parecia se consolidar numa série de países, que em conjunto abarcaram mais de um terço da humanidade. Em meados dos anos 80 o mundo parecia mais do que nunca dividido entre nações capitalistas democráticas, em variados estágios de desenvolvimento, e nações com economias centralmente planejadas e sistemas políticos mais ou menos autoritários (o totalitarismo "stalinista" foi abandonado em sua forma pura quase em toda parte, embora tenham sido registradas recaídas nele, sobretudo após a supressão de tentativas de derrubá-lo).

A evolução política trouxe grandes mudanças aos sistemas econômicos. A democracia, ao conceder os mesmos direitos políticos a todos, deu hegemonia à maioria, constituída por cidadãos sem propriedade, que sobrevivem da venda ou de sua força de trabalho (assalariados) ou de produtos de seu trabalho e do de membros de sua família (pequenos produtores autônomos). São as classes trabalhadoras que, numa economia capitalista autorregulada por mecanismos de mercado, tendem a levar a pior em termos de repartição de renda. Esta tendência se revela sobretudo nos períodos de crise, quando a ruína de muitas pequenas empresas e o aumento do desemprego lançam na pobreza absoluta parcelas significativas das classes que dependem apenas do seu trabalho para sobreviver. Como não podia deixar de acontecer, os trabalhadores trataram de aproveitar os direitos políticos que conquistaram para colocar no poder parlamentos e governos dispostos a intervir no jogo dos mercados a favor dos economicamente mais fracos e mais vulneráveis.

Resultou daí antes de mais nada o chamado "Estado de Bem-Estar Social": uma série de instituições de amparo ao trabalhador assalariado (seguro-social, seguro-saúde, seguro-desemprego, salário-mínimo, férias pagas, limite legal à jornada de trabalho, direito de greve, liberdade e autonomia sindical etc.) e ao trabalhador autônomo (subsídios à pequena produção, sobretudo agrícola, crédito favorecido, isenções fiscais etc.). O Estado de Bem-Estar Social foi construído ao longo de um século[10], com avanços maiores nos períodos de pós-guerra. Ele surgiu paulatinamente e acarretou o gradativo aumento da participação do setor público na economia. Não houve propriamente uma redistribuição da renda monetária, mas a tendência à concentração dessa renda nas mãos da classe dominante foi contida. A instauração de um imposto de renda progressivo permitiu financiar a prestação gratuita ou subsidiada de serviços de educação, saúde, saneamento, moradia etc., sobretudo aos mais pobres. O crescimento intenso das redes públicas desses serviços foi o principal fator de expansão do setor público nas economias capitalistas.

Além disso, as Revoluções Industriais (sobretudo a segunda) alteraram o caráter das guerras, ao propiciar armas aniquiladoras (submarinos, tanques, aviões etc.) que dependem da potência industrial dos contendores. As guerras deixaram de ser travadas unicamente nas frentes de batalha para sê-lo também nas fábricas e usinas, nas vias de transporte, nos sistemas de telecomunicações e nos laboratórios, envolvendo o conjunto das economias e a totalidade das populações. Esta transformação da natureza da guerra impôs o planejamento central da economia dos países beligerantes, já que seria inconcebível que a sorte da guerra fosse decidida pelas oscilações dos mercados.

Já na Primeira Guerra Mundial, os governos dos países envolvidos no conflito obtiveram autorização para controlar e planejar o comércio externo e a produção e distribuição de

---

[10] Ressalte-se que a construção do chamado Bem-Estar Social (Welfare State) foi particularmente acelerada, na Europa Ocidental, no pós-45.

alimentos e matérias-primas, impondo ao setor privado o controle dos preços e o racionamento dos bens de consumo essenciais. Lenin, ao assumir o poder na Rússia e fundar a União das Repúblicas Socialistas Soviéticas, proclamou o planejamento centralizado em vigor na Alemanha imperial como o modelo para a economia a ser construída pelo poder soviético. A experiência das duas guerras mundiais pareceu mostrar então que o controle central de uma moderna economia industrial não somente era viável, mas poderia evitar a instabilidade cíclica que sempre afetou as economias exclusivamente reguladas pelo mercado (como foi visto no capítulo anterior).

Durante os anos 30, todos os países capitalistas sofreram a mais profunda e a mais longa crise de conjuntura, com consequências catastróficas para as classes trabalhadoras. A queda desastrosa da atividade econômica ocasionou uma revolução no pensamento econômico: surgiu em 1936 uma doutrina, proposta por Keynes, o mais prestigiado dos economistas da época, que atribuía a crise à deficiência de procura efetiva (a demanda solvável, discutida anteriormente) e propunha como solução a expansão das compras do setor público para desencadear uma multiplicação da procura privada[11] que absorvesse o excesso de mercadorias e assim induzisse as empresas a aumentar o emprego e a produção. A doutrina keynesiana teve forte impacto sobre a teoria econômica, dividindo-a em dois sub-ramos: a microeconomia e a macroeconomia.

A *microeconomia* tem por objeto o comportamento individual do consumidor e do produtor (a conduta da empresa é assemelhada à de um empresário individual) e prossegue na linha tradicional do liberalismo, que, na teoria econômica,

---

[11] As compras adicionais do governo proporcionam receitas adicionais às empresas vendedoras, que as usam para pagar matérias-primas e salários e distribuir lucros; os agentes que obtêm estas rendas adicionais usam ao menos parte delas para comprar bens de produção (as empresas) e de consumo (os indivíduos). Estas novas compras dão lugar a novas receitas e ainda a novas compras etc. Este é o mecanismo do "multiplicador" de demanda.

está encarnado na doutrina neoclássica ou marginalista. A microeconomia, tal como é exposta na maioria dos compêndios, continua postulando que todos os mercados tendem ao equilíbrio e que a livre concorrência sempre produz resultados "ótimos" do ponto de vista das necessidades e preferências dos consumidores. Em outras palavras, sempre que o governo intervém em algum mercado, ele distorce as relações entre produtores e consumidores, com prejuízos para a maioria. Uma das mais curiosas "descobertas" da microeconomia é que não há desempregados involuntários, pois se quem busca trabalho aceitasse *qualquer* remuneração, *sempre* haveria alguém disposto a empregá-lo... Logo, a culpa pelo desemprego é da legislação do salário-mínimo e dos sindicatos, que impõem às empresas pisos salariais para diversas categorias de trabalhadores e impedem que os desempregados possam trabalhar por salários irrisórios...

A *macroeconomia*, por sua vez, tem por objeto a economia nacional como um todo. Ela parte do pressuposto de que o nível de atividade e de emprego é determinado pela procura efetiva ou agregada. Esta se compõe das compras dos consumidores finais (famílias), das empresas que fazem investimentos e do governo. A procura de consumo é considerada estável, já que as necessidades individuais dificilmente mudam a curto prazo. Mas a procura por meios de produção, decorrente das inversões feitas pelas empresas, é instável, porque depende da perspectiva de lucros futuros. As empresas investem apenas se acreditam que o acréscimo de produção, decorrente do acréscimo de capacidade, obtido graças ao investimento, possa ser totalmente vendido e por preços que cubram os custos e deixem uma "adequada" margem de lucro. Ora, como vimos no capítulo anterior, nenhuma empresa que atue numa economia "pura" de mercado pode ter a *certeza* de que isso irá acontecer.

O investimento, no capitalismo, é portanto uma atividade arriscada, algo como um lance num jogo de azar. A jogatina muitas vezes desenfreada nas Bolsas de Valores e nos demais mercados financeiros reflete o caráter aleatório das decisões econômicas. O desenvolvimento de uma intrincada rede de intermediários financeiros e de uma espantosa variedade de "ativos" – ações, debêntures, títulos públicos, títulos privados, depósitos em bancos, quotas em fundos de muitos tipos etc., etc. – destina-se antes de mais nada a partilhar riscos, reduzindo-os (ao menos subjetivamente) para o operador individual. O resultado desta complicação cada vez maior dos mercados de capitais é que a disposição de correr riscos e portanto a disposição de investir tornam-se cada vez mais *coletivas*. Em outras palavras, em vez de se estabelecer um equilíbrio entre "otimistas" ("touros", no jargão das bolsas, porque atacam de baixo para cima) e "pessimistas" ("ursos", porque atacam de cima para baixo), o mais provável é que os capitalistas em conjunto se inclinem para um ou para o outro lado. Quando todos "investem" (compram ativos), o valor dos instrumentos financeiros cresce, dando razão a todos e facilitando às empresas realizar "inversões" (compra de meios de produção). A procura efetiva se expande, a lucratividade das empresas aumenta, o que confirma e renova as expectativas otimistas, dando continuidade à expansão econômica.

Se, por algum motivo, as expectativas dos "touros" não se confirmam, a maioria adere aos "ursos": cada vez mais gente tenta vender seus ativos, o valor destes cai, as empresas encontram dificuldades crescentes para mobilizar recursos para "inverter". Cai em consequência a procura efetiva, confirmando e perpetuando o pessimismo reinante. Se a pressão vendedora de ativos se intensificar, é possível que a desvalorização desses ativos desencadeie uma crise financeira, com a quebra de intermediários financeiros. Neste caso, empresas produtivas perdem parte do seu capital, mantido sob a forma de aplicações financeiras, e podem vir a falir igualmente. Deste modo, a crise financeira pode facilmente detonar uma crise econômica.

A macroeconomia, quando recebeu suas primeiras formulações, nos anos 40 e 50, partia do pressuposto de que cabia aos governos contrariar os excessos de otimismo e de pessimismo dos agentes privados mediante políticas "anticíclicas".

Quando o "público" (composto pelas camadas de renda suficientemente alta para pouparem certa parte dela) está entregue à compra desenfreada de ativos, e as empresas estão empenhadas em se expandir ao máximo, o governo deve pisar no freio da economia, cortando seus próprios gastos e reduzindo a oferta de crédito. Sem crédito, a compra tanto de ativos por aplicadores quanto de meios de produção por empresas tem de se reduzir. A procura efetiva se estabiliza, em virtude da queda do gasto governamental e do investimento por parte de muitas empresas.

Quando o "público" não deseja comprar novos ativos financeiros nem as empresas querem fazer novos investimentos, o governo deve retirar o pé do freio e passá-lo ao acelerador. Ou seja, quando o pessimismo reina nos mercados de capitais e a demanda solvável cai por efeito da contratação das compras de meios de produção por parte das empresas, o governo deve aumentar seu dispêndio, além de facilitar o crédito. Assim agindo, impede o colapso dos mercados financeiros e previne a superprodução de mercadorias, causada pela queda cumulativa da demanda.

É interessante notar que as conclusões da micro e da macroeconomia não poderiam ser mais contraditórias. Enquanto a primeira continuava a condenar a intervenção governamental, a segunda a preconizava como condição imprescindível para atenuar a instabilidade cíclica da economia. Cada ramo da ciência econômica era dominado por um paradigma oposto: enquanto na microeconomia o postulado liberal continuava incólume, na macroeconomia o efeito da democracia política sobre o capitalismo produzia um paradigma reformista, que colocava os interesses da maioria acima da intocabilidade dos mecanismos de mercado.

Mais tarde (a partir do fim da década de 60), o intervencionismo preconizado pela macroeconomia começou a ser crescentemente questionado pelo "neoliberalismo", que sustenta que a demanda solvável apoiada nos gastos adicionais do Estado é artificial, tendo um efeito apenas transitório.

O argumento deriva do postulado microeconômico de que os agentes individuais – consumidores e empresas – tendem sempre a procurar o seu equilíbrio "natural". Logo, se resolvem por alguma razão reduzir a demanda solvável, a política anticíclica do Estado não pode alterar essa resolução. Os gastos adicionais do Estado não criam riqueza nova, mas apenas inflação, que dá aos agentes individuais a sensação ilusória de que ficaram mais ricos. A ilusão monetária os induz a gastar mais, de modo que o mecanismo do multiplicador funciona por algum tempo. Mas, quando os agentes individuais têm de pagar preços mais altos, a ilusão de que tinham enriquecido se desfaz, e eles tendem a voltar à conduta anterior, no sentido de reduzir a demanda solvável. Para evitar a queda da conjuntura, o governo será obrigado a expandir mais uma vez o seu dispêndio, acelerando a inflação. Deste modo, a sustentação do nível de pleno emprego se faria às custas de uma inflação cada vez maior e cada vez mais insustentável.

É claro que não faltaram respostas à argumentação neoliberal. No fundo a discussão girava em torno do caráter voluntário ou involuntário das crises e do desemprego. Os neoliberais desenvolveram o conceito de "taxa natural de desemprego", segundo o qual a cada momento certa percentagem dos trabalhadores se mantém desempregada, à procura do trabalho "certo" e da remuneração "desejada". Não haveria nada de mau nisso, e a tentativa de diminuir a taxa de desemprego abaixo do seu nível "natural" só poderia ter efeito mediante a inflação, a qual teria de ser sempre incrementada para manter sua influência sobre o comportamento dos agentes.

Os keynesianos replicavam que grande parte dos desempregados era involuntária, isto é, composta por pessoas que desejavam trabalhar pelo salário corrente, e que havia falta de demanda por essa mão de obra porque as empresas deixavam de investir em função da debilidade da demanda solvável. A expansão (por eles preconizada) do dispêndio governamental poderia causar um surto inicial de inflação, que seria no entanto eliminado quando o aumento de produção, suscitado pela maior demanda solvável, chegasse aos mercados. Para os keynesianos, os agentes individuais preferem um nível maior de emprego (ou menos desemprego), mas não conseguem atingi-lo por falta de garantia ou de coordenação; em outras palavras, a política fiscal e monetária teria de induzir o grosso dos capitalistas a atuar no mesmo sentido, para produzir um ritmo adequado de investimento. A intervenção reguladora do governo poderia manter a economia em pleno emprego, ao estimular e desestimular a demanda solvável, conforme sua tendência de cair abaixo ou subir acima de seu nível de equilíbrio.

A grande polêmica sobre o papel do Estado no capitalismo contemporâneo, que vem sendo travada nos últimos vinte anos, tem por base a existência de um amplo setor público, capaz de influir com seu comportamento sobre o setor privado. A construção do Estado de Bem-Estar Social implicou uma enorme expansão de serviços como os de educação pública, assistência pública à saúde, abastecimento de água, esgotos e limpeza pública etc. Além disso, foram constituídos amplos fundos de aposentadoria, pensões, auxílio a desempregados etc., localizados, na maioria dos países, na esfera pública. Finalmente, atividades que tendiam naturalmente a ser monopólicas, como a produção, transmissão e distribuição de energia elétrica, as telecomunicações, o transporte ferroviário, o transporte público urbano etc., foram sendo cada vez mais transferidas ao setor público. Tudo isso colocou sob a responsabilidade e o comando do Estado uma parcela muito ponderável da economia. Este fato tornou possível condicionar o comportamento do capital privado mediante a deliberada expansão ou contração do setor público.

O controle da conjuntura pelo Estado foi, do ponto de vista político, a consequência natural da Grande Depressão dos anos 30 e da experiência de planejamento bélico da economia durante a última Grande Guerra. Durante o período de pós-guerra (1945-1970), os países capitalistas industrializados passaram por uma fase de quase ininterrupta prosperidade, e os menos desenvolvidos puderam, em grande parte, iniciar sua industrialização. Um grupo seleto de países então subdesenvolvidos, entre os quais o Brasil, usaram o Estado e o setor público da economia para implantar um sólido parque industrial. A réplica do keynesianismo, no Terceiro Mundo, foi o desenvolvimentismo, teorizado sobretudo na América Latina pela chamada "Escola da CEPAL". Esta teoria do desenvolvimento acentuava a possibilidade de o Estado, mediante medidas protecionistas e de fomento, promover a industrialização por substituição de importações. E políticas de desenvolvimento deste tipo foram largamente implementadas por diversos países da América Latina e por várias das novas nações da Ásia e da África. Não há exagero em afirmar que o primeiro quarto do século após a Segunda Guerra Mundial assistiu ao triunfo do modo keynesiano de regulação, tanto no Primeiro quanto no Terceiro Mundo.

Durante o mesmo período, os países de economias centralmente planejadas também experimentaram substancial crescimento. A ex-URSS e os países da Europa Oriental conseguiram recuperar-se das pesadas perdas, sofridas durante a guerra, e os menos industrializados lograram sustentar altos ritmos de desenvolvimento. Na frente técnico-científica, a ex-URSS alcançou os EUA na produção de artefatos nucleares e logrou disparar o primeiro satélite artificial. A China, o mais populoso e um dos mais pobres países da Terra, conseguiu eliminar a fome e propiciar à sua prodigiosa população uma relativa satisfação de suas necessidades básicas. Êxitos análogos puderam ser exibidos por outros países que optaram pelo planejamento centralizado num patamar de pouco ou nenhum desenvolvimento, como a Coreia do Norte e Cuba. Em suma, por volta de 1970, o planejamento governamental, em sua feição "indicativa" nos países capitalistas ou em sua feição "impositiva" nos países do "socialismo real", parecia estar solidamente alicerçado em conquistas inegáveis, tanto no Norte industrializado e no Sul subdesenvolvido quanto no Oeste capitalista e no Leste "socialista".

Mas os acontecimentos das duas últimas décadas vieram negar esta aparência. Nos países capitalistas avançados, uma inflação "rastejante" persistia desde o fim da guerra; nos anos 70, ela começou a crescer, e depois do Primeiro Choque do Petróleo (1973) ela passou a assumir proporções ameaçadoras, sobretudo em economias até aquele momento em pleno emprego. Isso significava que os trabalhadores conseguiriam obter rapidamente reajustes proporcionais ao aumento do custo de vida, com grande possibilidade de desencadear uma espiral preços-salários, que acabaria tornando a inflação explosiva. Os governos, em resposta, cortaram seus gastos e restringiram o crédito, com a esperança de jugular a inflação mediante a queda da demanda solvável. Estas medidas de fato produziram forte recessão em 1974-1975, mas apesar do aumento do desemprego, a inflação continuou elevada. Era o que se passou a chamar de "estagflação", um fenômeno não previsto nos manuais de macroeconomia.

Ao mesmo tempo, na América Latina, a inflação tinha se tornado crônica. Nos anos 70, sobretudo nos países importadores de petróleo, a inflação se agravou. Também nesses países os governos aplicaram políticas recessivas, sem lograr êxitos palpáveis no que se refere à estabilização dos preços. A "estagflação" tendeu a se generalizar a partir de então nos países capitalistas, tanto nos industrializados como nos menos desenvolvidos.

Após o Segundo Choque do Petróleo (1979-1980), os principais governos do Primeiro Mundo caíram nas mãos de partidos conservadores, com plataformas nitidamente neoliberais. A política econômica posta em prática por esses governos – corte do dispêndio público, restrição ao crédito e livre flutuação do câmbio – produziu a mais longa e profunda recessão do pós-guerra, entre 1980 e 1982. Em seu auge, o desemprego atingiu em vários países níveis entre 15 e 20 por cento, semelhantes aos que vigiam durante a Grande Depressão de 1929-1939. O desemprego maciço solapou o poder de barganha do movimento sindical, cujas fileiras foram devastadas pela automação e pela transferência de indústrias a países menos desenvolvidos. Os salários reais decresceram (ligeiramente), os gastos sociais do Estado foram cortados, a progressividade do imposto de renda foi diminuída e a inflação caiu. Ela não voltou a ser "rastejante" como antes de 1970, mas nos anos 80 ela parecia estar contida entre 4 e 6 por cento ao ano na maioria dos países industrializados, podendo ser "administrada" por políticas convencionais de estabilização.

Na América Latina, as crises inflacionárias se agravaram nos anos 80. Contribuíram para isso fatores externos e internos aos diversos países. Entre os fatores externos destaca-se a Crise das Dívidas Externas, que estoura em 1982, quando os bancos internacionais privados são tomados pelo pânico (em função da inadimplência do México) e resolvem cortar quaisquer créditos voluntários para todos os países latino-americanos. Esta crise obrigou os países superendividados a reduzir a demanda solvável interna para diminuir a importação e desse modo alcançar um saldo comercial positivo, para pagar ao menos parte do serviço da dívida externa. A redução da renda nacional, devido não só à transferência de valores ao exterior como também à queda do nível de produção e de investimentos, desencadeia violentos conflitos distributivos entre as classes e frações de classes. Esses conflitos, no plano político, ajudam a eliminar diversos regimes militares do continente, que conhece a partir de 1983 verdadeiro surto de redemocratização. Mas, no plano econômico, os conflitos distributivos prosseguem, produzindo crises inflacionárias cada vez mais graves, que desembocam em verdadeiras hiperinflações na Bolívia (1985) e posteriormente na Nicarágua, no Peru e na Argentina.

A inflação passa a ser o pior inimigo das economias capitalistas, conforme pregava a crítica neoliberal ao intervencionismo governamental. Deixando de lado a fundamentação pretensamente científica de suas teses, a vantagem do neoliberalismo é que ele dá prioridade à estabilidade dos preços em relação ao pleno emprego e favorece as classes de renda alta e média em detrimento dos mais pobres. Estas posições, fundamentadas numa atitude hostil perante o Estado (particularmente perante suas atividades de bem-estar social), tornaram-se majoritárias eleitoralmente em vários países. Isso parece paradoxal para quem supõe que em todo país a maioria é constituída por pobres, beneficiários efetivos ou virtuais do Estado-Previdência. Acontece que 25 anos de prosperidade com pleno emprego tornaram as classes de renda alta e média majoritárias nos países capitalistas adiantados. A maior parte da população continua se sustentando com seu próprio trabalho; só que o ganho assim obtido permite mais do que a satisfação das necessidades essenciais; ele permite à maioria dos trabalhadores usufruir um padrão de vida muito confortável. O Estado de Bem-Estar Social é importante apenas para uma minoria de trabalhadores menos qualificados, muitos dos quais são imigrantes de países menos desenvolvidos.

A crise atingiu também as economias centralmente planejadas, cujo desempenho passou a piorar nos últimos vinte anos. Tornou-se evidente que o planejamento centralizado, para ser efetivo, tem de impor ao conjunto das atividades econômicas uma disciplina férrea e a extrema centralização das decisões. Consequentemente, o sistema é resistente a mudanças de qualquer natureza, inclusive a inovações técnicas. Além disso, o autoritarismo favorece a corrupção e a outorga de privilégios. O sistema de incentivos, que deveria estimular o aumento de produtividade, funciona ao contrário, premiando a sabujice, a bajulação e a supressão de qualquer iniciativa que não se origine na cúpula. As deficiências do planejamento centralizado com autoritarismo político tornaram-se intoleráveis às classes "ilustradas" compostas por cientistas, técnicos, artistas e intelectuais. Sua crescente insatisfação originou diversos movimentos de oposição e tentativas de reforma, algumas das quais surtiram efeitos.

A partir de 1985, a reforma do "socialismo real" passou a ser encarnada pela *perestroika*, liderada na ex-URSS pelo grupo de Mikhail Gorbatchev. Mas antes dela ocorreram reformas profundas na Iugoslávia, desde 1950, na Hungria, desde 1968, e na China, desde 1978, sem falar na reforma semifrustrada tentada na própria ex-URSS por Khruchov entre 1955 e 1964. Em todas estas reformas tratou-se de substituir o planejamento centralizado num crescente número de setores por mecanismos de mercado, sem restaurar por inteiro a propriedade individual dos meios de produção. Apenas na ex-URSS e mais recentemente na Hungria a reforma econômica foi acompanhada por medidas democratizantes efetivas. Na China, em 1989, um poderoso movimento pela democracia foi afogado num banho de sangue, seguido por amplo surto de repressão.

Não dá, nos limites deste opúsculo, para discutir os rumos dos regimes que compunham o "socialismo real". Tudo parecia levar a crer, no entanto, que, apesar de consideráveis resistências às reformas, estas acabariam por se impor, o que implicaria a restauração da economia de mercado nesses países, num período em que, no Ocidente capitalista, a regulação estatal da economia de mercado está sendo rejeitada em nome da liberdade econômica e do direito de escolha individual. É inevitável que dos dois lados da extinta "Cortina de Ferro" esses movimentos estivessem se reforçando mutuamente. Na mesma medida em que os governos conservadores dos EUA, da ex-Alemanha Ocidental, do Japão, da Grã-Bretanha etc. "desregulavam" atividades econômicas, privatizavam empresas estatais e cortavam verbas para gastos sociais, os governos reformistas da ex-URSS, da China, da Hungria etc. abriam as portas às multinacionais, privatizavam certas atividades econômicas e confeririam crescente autonomia a empresas ainda estatais.

OS TEMAS CONTEMPORÂNEOS DA ECONOMIA

A economia, enquanto ciência, sempre foi plataforma doutrinária a respeito da organização das atividades econômicas. Em seus albores, nos séculos XVIII e XIX, a economia política se batia contra a regulamentação governamental dos mercados, procurando demonstrar que os agentes – compradores e vendedores – só poderiam realizar seus desígnios se fossem deixados em plena liberdade. Em sentido oposto, surgiu, por volta de 1850, a "crítica da economia política" formulada por Karl Marx e seus discípulos, que sustentava a transitoriedade do capitalismo e sua inevitável substituição por um modo de produção superior – o socialismo –, no qual os meios de produção seriam de propriedade coletiva e seu emprego seria centralmente planejado.

Já no século XX, apareceu, como vimos, a escola keynesiana, que (ao menos em sua versão original, dada por John M. Keynes) propugnava por um capitalismo modificado, no qual o Estado desempenharia uma função reguladora para garantir não apenas a estabilidade da economia mas a plena utilização dos recursos, isto é, o chamado "pleno emprego". Em contraposição, levantou-se (já na segunda metade do mesmo século) o neoliberalismo, associado inicialmente ao nome de Milton Friedman, que atribuía às políticas fiscal e monetária expansivas, recomendadas pelos keynesianos em momentos de baixa conjuntural, os surtos de inflação e seu efeito estimulador meramente transitório sobre os gastos e os investimentos. Quando a inflação se transformou no principal problema das economias capitalistas desenvolvidas, o neoliberalismo tornou-se a doutrina dominante. Esta tendência tem sido consideravelmente reforçada também pela onda de "reformas" que varreu nos últimos anos as principais economias centralmente planejadas.

Esta evolução, descrita no capítulo anterior, mostra como as escolas de pensamento econômico se filiam às grandes correntes político-filosóficas e ao mesmo tempo "respondem" às questões que, em cada época, desafiam a sociedade dos países mais adiantados. Assim, o liberalismo clássico dos séculos XVIII e XIX constituía a resposta ao desafio colocado pela Primeira Revolução Industrial, cujo avanço exigia a destruição, por meio da livre concorrência, dos modos tradicionais de produzir. O socialismo "científico" de Marx, Engels e seus sucessores respondia às necessidades de um proletariado em rápida expansão e que se encontrava então totalmente à margem das instituições políticas. O salto do liberalismo à democracia, levado a cabo na primeira metade do século XX, inspirou-se em grande medida no marxismo enquanto ideologia dos partidos social-democratas, socialistas e trabalhistas, que protagonizaram em boa parte aquele salto.

Está claro que, desta perspectiva, o embate entre keynesianos e neoliberais corresponde hoje em dia aos conflitos de interesses suscitados pelo grande crescimento do setor público e pela propensão inflacionária das economias capitalistas. Ao examinarmos estes conflitos, estaremos passando em revista alguns dos principais temas contemporâneos da ciência econômica.

Um destes conflitos se trava sobre os limites da presença do Estado na economia. Os capitais privados se consideram espoliados à medida que os impostos, pagos por eles, servem para financiar a expansão de empresas estatais e de serviços públicos, inclusive a previdência social, que sustenta desempregados, pensionistas e aposentados. Mas esta mesma expansão atende às necessidades dos menos favorecidos pelo "livre jogo" do mercado: regiões atrasadas, pequenos produtores (sobretudo agrícolas) e assalariados pouco qualificados ou pertencentes a grupos menos favorecidos (mulheres, jovens, velhos, minorias raciais). A democracia política possibilita a organização dos menos favorecidos, tendo por eixo o movimento operário. Enquanto constituíam a maioria, tenderam a eleger governos "progressistas", que ampliaram o setor público e o usaram para estabilizar a economia em níveis próximos ao pleno emprego.

Foram precisamente políticas como essas, praticadas por décadas, que modificaram a estrutura social dos países capitalistas desenvolvidos; a maioria dos trabalhadores alçou-se acima da linha da pobreza, tornando os menos favorecidos *minoria*. A partir desse momento, a grita dos capitais privados contra o estatismo, contra a suposta ineficiência da administração estatal de empresas (em função do empreguismo, do desvio de recursos, da inobservância dos horários de trabalho etc.) passou a contar com crescente apoio da chamada "classe média", cada vez mais insatisfeita também com o peso dos tributos (que passaram a recair sobre ela). Desta aliança da classe empresarial com as camadas mais opulentas da classe trabalhadora saíram os governos que se notabilizaram pela privatização de empresas estatais e pela redução das alíquotas do Imposto de Renda[12]. Foi o próprio êxito da política keynesiana que integrou uma parcela importante dos assalariados na "classe média", socavando assim as bases sociais do Estado de Bem-Estar e das políticas anticíclicas que tinham um amplo setor público por pressuposto. A privatização de empresas estatais, como vem acontecendo em diversos países da Europa e da América Latina, encolhe a parcela da economia sob comando direto do Estado, tornando menos efetiva

---

[12] Ressalte-se a vitória dos conservadores, na Inglaterra, com Margareth Thatcher, e dos republicanos com Ronald Reagan, nos EUA, ao longo da década de 80. Mesmo em países nos quais se estabeleceram governos oriundos da esquerda, como a França, do socialista François Miterrand, os pressupostos neoliberais acabaram sendo adotados. Na América Latina, o Chile, então sob a ditadura do general Pinochet, pioneiramente, também procurou adequar sua economia aos paradigmas do neoliberalismo.

a política de gastos públicos como indutora de mudanças na demanda solvável.

A economia neoclássica contribuiu para a polêmica sobre o papel do Estado na economia através da teoria dos "bens públicos". São assim considerados os bens que se deseja que sejam acessíveis a todos. Um exemplo seria a rua: é de interesse geral que todos possam transitar livremente pelas vias públicas, sem qualquer cobrança de pedágio. Logo, não é possível fazer os usuários pagarem diretamente o seu asfaltamento, sua conservação, sua limpeza e sua iluminação. Estes serviços têm de inevitavelmente ser financiados pelo erário público. De acordo com esta teoria, cabe ao Estado a produção e a distribuição dos bens públicos, e aos capitais privados a produção e a distribuição dos demais bens, que podem ser objeto de compra e venda. Por trás da engenhosa distinção entre bens públicos e os outros bens se encontra o dogma liberal de que a atividade econômica deve ser exercida pelo capital privado, cabendo ao Estado *apenas* aquelas atividades que, pela sua natureza, não são passíveis de exploração mercantil.

O dogma liberal objetiva o "Estado mínimo", pois um Estado maior que o mínimo infringe a liberdade dos indivíduos: dos empreendedores, ao impedi-los de realizar as atividades monopolizadas pelo Estado; e dos consumidores, ao lhes negar a possibilidade de optar por outro fornecedor que não o monopólio estatal. Na realidade, quase sempre as atividades estatizadas são oferecidas por tarifas abaixo dos custos, tendo em vista favorecer os consumidores e/ou estimular a atividade privada. O subsídio é condenado pelos liberais por dois motivos: por ser injusto, ao transferir renda dos contribuintes aos usuários dos bens e serviços prestados pelo poder público; e por constituir um desperdício, pois a gestão deficitária incentiva o empreguismo, a corrupção, o desleixo... Este último argumento pode ser generalizado do seguinte modo: a eficiência no desempenho empresarial decorre da *busca do maior lucro em competição livre com outras empresas, cuja motivação é a mesma*. A empresa estatal, deliberadamente deficitária e monopolista, é ineficiente, e por isso só se justifica na área dos bens públicos[13].

Na realidade, o argumento de que *só* a busca competitiva do maior lucro gera eficiência não pode ser aplicado a todas as empresas privadas, mas apenas às pequenas e médias, que de fato são concorrenciais e administradas pelos próprios donos. As grandes empresas privadas, muitas multinacionais, integram oligopólios e são administradas por profissionais assalariados, exatamente como as estatais. Estas últimas, quando (por decisão governamental) são autorizadas a cobrar preços (ou tarifas) remuneradores, tendem a ser tão lucrativas quanto às congêneres privadas. No fundo, o que se pode arguir é que o gigantismo empresarial gera ineficiência. É uma proposição discutível, e teria de se aplicar a todas as grandes empresas, tanto privadas quanto públicas.

Quanto ao primeiro argumento, convém reparar que ele só se sustenta se for admitido que qualquer alteração dos resultados econômicos, produzidos pelos mecanismos do mercado, é *injusta*. Ora, tais resultados implicam, em geral, desigualdades profundas e crescentes. Os ganhadores do jogo do mercado obtêm todas as vantagens, reforçando sua competitividade, ao passo que os perdedores se enfraquecem. Isso vale para indivíduos, empresas, regiões e países. Aos perdedores só resta uma alternativa: mobilizar-se politicamente e provocar a intervenção do Estado a seu favor[14]. O que implica naturalmente um Estado maior que o mínimo, que cria e administra empresas em setores "mercantis" e não

---

[13] Mesmo na produção de bens públicos, o Estado pode concedê-la a empresas privadas, "comprando" em nome do público sua produção. Neste tipo de contratação costuma ocorrer corrupção dos funcionários em troca do pagamento de sobrepreço pelo Estado, além de insatisfação dos usuários em face das deficiências dos "bens públicos" concedidos.

[14] As recentes vitórias (1997) dos trabalhistas, na Inglaterra, com Tony Blair, e a constituição de um Gabinete chefiado por um socialista (Lionel Jospin), na França, parecem corroborar esta tese.

apenas nos de "bens públicos". Em suma, sob o aspecto ético, a tese liberal sanciona a supremacia dos ganhadores do jogo do mercado e se opõe a qualquer ação do Estado que possa reduzir suas vantagens.

É interessante observar que a respeito da presença e do papel do Estado na economia, os partidários do socialismo também estão divididos, ganhando terreno entre eles a ideia de que a igualdade básica entre todos os cidadãos pode ser conciliada com a economia de mercado. A posse coletiva e o planejamento centralizado estariam limitados às atividades de produtos padronizados e à técnica estabilizada, como, por exemplo, a fabricação de metais e de produtos químicos, a operação de redes telefônicas e de energia elétrica, a construção de grandes obras etc. Estas atividades são necessariamente concentradas em grandes unidades, que se beneficiam da "economia de escala", ou seja, da utilização intensiva de equipamento muito dispendioso.

A novidade está no reconhecimento de que muitas atividades econômicas não comportam a padronização dos produtos, e outras estão ainda com a sua técnica em desenvolvimento. Essas atividades aumentam de importância à medida que cresce o padrão de vida da população. Elas incluem os cuidados da saúde e os diversos serviços pessoais (cabeleireiros, restaurantes, academias de dança, ioga etc.), o processamento de dados e a informática, a fabricação de vestuário, calçados, brinquedos, bijuterias, móveis, tapeçarias etc. Nestes setores, as unidades de produção não devem ser grandes, e convém que haja muita liberdade para a criação de novas empresas, para a transformação das existentes, para a introdução de novos produtos etc. Esta liberdade é incompatível com o planejamento centralizado. Portanto, essas atividades devem ser reguladas apenas por mecanismos de mercado.

A proposta de um "socialismo de mercado" implica mudanças significativas em relação ao modelo socialista tradicional. Em primeiro lugar, o planejamento central, que subsiste, deixa de ser global, porque os setores planejados têm de vender e comprar de setores de comportamento imprevisível, regidos pelos altos e baixos da demanda no mercado. O planejamento perde, portanto, sua pretensão à *infalibilidade*, sendo forçado a se flexibilizar, adquirindo um caráter mais indicativo, com as grandes empresas recebendo considerável autonomia em relação às metas fixadas, para poderem se ajustar às oscilações de uma economia sujeita a imprevistos. Esta relativização do planejamento é, na verdade, um avanço em relação à visão anterior do socialismo, que pretendia enquadrar as necessidades dos consumidores nos limites da produção em massa de artigos e serviços de baixa qualidade.

Outra mudança significativa é a ideia de que no socialismo o ganho pecuniário continua sendo (tanto quanto no capitalismo) o incentivo para a atividade econômica, podendo variar consideravelmente nas atividades regidas pelo mercado. Decorre daí que na sociedade socialista não haverá pobres, mas haverá ricos e menos ricos. O prestígio social conferido aos ricos no capitalismo deverá diminuir muito, mas não dá para dizer que desaparecerá por inteiro, já que a escassez do supérfluo deverá persistir, e certa competição no consumo poderá se mostrar inevitável. O que não altera a escala de valores própria ao socialismo, em que os primeiros lugares são ocupados pelos que servem à coletividade sem visar recompensa material.

Voltemo-nos, agora, ao principal conflito que divide a ciência econômica contemporânea e que tem por objetivo a *inflação*. Este não é propriamente um fenômeno novo, tendo sido registrado ao longo de toda a história das economias monetárias. A inflação só é possível em *economias monetárias*, isto é, em economias em que as mercadorias têm preços denominados num meio de troca, ou seja, numa *moeda*. Em economias de escambo (troca direta de mercadoria por mercadoria), cada produto tem tantos preços quantos forem os outros produtos pelos quais ele pode ser trocado, ou seja, com os quais ele pode ser comprado. Nestas condições, é impossível que todos os preços variem no mesmo sentido, seja para mais (inflação), seja para menos (deflação).

Esta possibilidade existe em economias monetárias porque o nível geral de preços varia com o volume de moeda em circulação. Se o volume de moeda em circulação cresce, é por aumentar a demanda solvável, ou seja, os compradores em conjunto estão tentando adquirir mais mercadorias. Em condições normais, o aumento da demanda solvável deve suscitar um aumento dos preços num primeiro momento e um aumento da oferta de mercadorias posteriormente. Havendo excesso de oferta, é possível que o aumento de demanda nem afete os preços. Porém, havendo impossibilidade de aumentar a oferta, seja porque todos os trabalhadores já estão plenamente empregados, seja por algum outro ponto de estrangulamento, o efeito inflacionário do aumento de moeda em circulação não será mitigado pelo aumento da oferta que seria de se esperar.

    A questão básica é, portanto: *o que leva ao aumento da moeda em circulação?* Esta questão comporta várias respostas. Se a moeda for um metal precioso, este poderá se multiplicar por efeito de ocorrências externas. No século XVI, os países da Europa Ocidental se beneficiaram do aumento da demanda espanhola por seus produtos, tendo a Espanha se enriquecido pelo saque dos tesouros dos ameríndios. A utilização dos frutos do saque no comércio internacional expandiu a circulação monetária naqueles países, ocasionando a Grande Inflação dos séculos XVI e XVII[15]. Se a moeda for um signo de valor – uma nota de papel, emitida por um banco oficial –, sua expansão pode ser causada por um aumento de sua emissão ou pelo saque de reservas por parte dos possuidores de tesouro (moeda acumulada). Estes são os casos mais pertinentes para se entender as

---

[15] Este fenômeno, também conhecido pela expressão "Revolução dos preços do século XVI", teria sido provocado pelo baixíssimo custo de produção dos metais na América Espanhola, e não apenas pelo expressivo volume extraído das minas do eixo México-Peru-Potosi. Segundo alguns autores, a retração do fluxo metálico, da América para a Espanha, no século seguinte, teria ocasionado a conhecida "Crise geral do século XVII".

inflações contemporâneas, já que por toda parte a moeda deixou de ser metálica e sequer tem mais lastro de metal.

Aproveitamos o ensejo para oferecer algumas noções básicas a respeito da moeda. Esta é sempre um objeto ao qual se atribui *por convenção* certo valor de face. Há moedas com valor intrínseco – são objetos cuja confecção requer bastante trabalho, como por exemplo barras ou discos de ouro ou prata. E há moedas sem valor intrínseco – notas de papel –, mas cujo volume é regulado por lei de acordo com o tamanho do tesouro nacional (formado por metais preciosos) que lhes serve de *lastro*. São as chamadas "moedas conversíveis", que podem ser trocadas a qualquer momento no banco emissor por uma quantidade prefixada de ouro ou prata. E finalmente há moedas de papel (papel-moeda) *sem lastro*, cuja quantidade é regulada por lei ou por decisões de uma Autoridade Monetária. Estas moedas retiram seu valor da *confiança* que nelas deposita o público. Por isso são chamadas de "fiduciárias" ou "inconversíveis". Hoje, em todos os países capitalistas, as moedas são dessa espécie.

A moeda fiduciária aumenta na circulação ou porque cresceu sua emissão ou porque seus possuidores resolveram gastá-la mais depressa. Na realidade, em regimes inflacionários, as duas causas ocorrem juntas: a Autoridade Monetária emite mais, e os consumidores se apressam em gastar, porque os preços sobem, e a moeda em consequência se desvaloriza. Isso é óbvio, desde que se considere que a inflação não é um fenômeno isolado – uma única subida generalizada de preços –, mas um *regime*, uma forma permanente de regulação da economia. E isso ela efetivamente o é. A quase totalidade dos países atualmente está sob este regime, como é o caso do Brasil*; eles têm tido inflação continuamente há décadas. O que se discute é a natureza da inflação contínua, crônica, embora a inflação ainda seja encarada, tanto pela

---

* Este texto foi escrito antes da implantação do Plano Real no Brasil.

maioria dos economistas como pela opinião pública leiga, como uma anomalia, algo que se possa "corrigir" mediante determinadas medidas de política econômica.

O regime inflacionário não pode ser explicado pela sua origem, como tenta a economia convencional, pois ela se perde na noite do tempo, tornando-se trinta ou cinquenta anos depois totalmente irrelevante. Ele se explica pela sua própria permanência, pelo fato de que todos – o Estado, os empreendedores, os assalariados, os consumidores – se acostumaram e se adaptaram à subida dos preços e à consequente desvalorização da moeda. O Estado emite na medida em que o aumento do valor nominal transacionado requer maior volume de meio circulante; os empreendedores repassam rotineiramente aumentos de custos aos preços, tratando de resistir à elevação de custos, particularmente de salários, porque o repasse não pode ser imediato e nem sempre pode ser integral em função de contratos com clientes e de competidores eventualmente menos afetados pelo aumento dos custos; os assalariados acompanham com angústia os Índices de Custo de Vida (ICV) e tratam de obter reajustamentos salariais nunca inferiores à variação daqueles; e os consumidores tratam de defender o valor de seus haveres, conservando "em caixa" o mínimo de dinheiro, indispensável para as pequenas despesas. Todo o restante é aplicado em ativos indexados (títulos ou depósitos reajustáveis) ou em bens cujos preços se espera que subam tanto ou mais que o Índice Geral de Preços.

Tomando-se estes comportamentos em conjunto, fica claro que a inflação é produzida por *todos* eles. A economia convencional não obstante privilegia o governo como causador da inflação, porque ele é tido como responsável pelo volume de moeda cuja variação "causa" a dos preços. Este raciocínio é no mínimo superficial, pois se recusa a analisar por que, em regime inflacionário, *todos* os governos sem exceção permitem o aumento do volume de moeda em circulação. A economia convencional atribui este comportamento ao desejo dos governos de gastar mais do que arrecadam e de cobrir o déficit com emissão de moeda. Acontece que a inflação *obriga* os governos a gastar mais do que arrecadam, porque os preços pagos pelo governo aumentam mais rapidamente do que as receitas tributárias que eles obtêm; portanto, quanto maior a inflação, maior será o déficit fiscal que a alimenta[16].

Mas o erro da economia convencional não se limita ao diagnóstico da situação inflacionária. Ele se estende, como não podia deixar de ser, ao receituário contra a inflação. Este consiste na alteração do comportamento apenas do governo, que deve eliminar o déficit fiscal, por meio do corte de seus gastos e do aumento da arrecadação, em consequência do que não precisará mais emitir. Segue-se que o volume de moeda ficará estável, o que forçará os preços a se estabilizarem também. Esta receita funciona apenas quando a inflação é bastante baixa, e ainda assim por meio de uma recessão que em geral é severa e prolongada. Em países de inflação elevada (digamos acima de 100 por cento ao ano), o aumento de arrecadação é repassado pelos contribuintes aos preços, a inflação se acelera e o déficit, apesar do corte dos gastos, não se reduz, ou cai muito pouco. Mas, mesmo se a Autoridade Monetária reduz a emissão, isto não estabiliza o volume de moeda, que se compõe em sua maior parte não mais de notas, mas de depósitos bancários e de diversos ativos financeiros indexados de alta liquidez (isto é, facilmente transformáveis em meios de pagamento). Os agentes privados possuidores destes ativos quase líquidos são os principais responsáveis pelo volume de moeda em circulação; eles respondem a uma eventual escassez de moeda legal (notas emitidas pela Autoridade Monetária) emitindo ativos indexados de alta liquidez (depósitos bancários "anônimos", fundos de participação etc.), que aumentam

---

[16] As receitas tributárias decorrem de preços pagos meses antes de elas entrarem nos cofres ou na conta do Estado. Quando são usadas para fazer pagamentos, os preços pagos já estão mais altos. A defasagem entre receita e despesas públicas é tanto maior quanto mais se acelera a inflação.

o giro da moeda legal[17]. Como as notas e os depósitos a vista não estão defendidos contra a inflação, ninguém quer ficar com eles, o que significa que o controle do governo sobre a circulação de moeda diminui à medida que a moeda legal é substituída por instrumentos monetários indexados.

Em outras palavras, inflação muito alta é um modo de regulação qualitativamente distinto, que não é afetado por políticas fiscal e monetária de "estabilização". A experiência deste tipo de regime inflacionário é relativamente recente, de modo que o conhecimento acumulado sobre ele não é grande e ainda não está amadurecido. O que atrapalha o avanço da ciência neste campo é a visão predominante de que todas as inflações são de natureza idêntica, podendo ser tratadas da mesma maneira. Apesar do fracasso quase universal das políticas ortodoxas de estabilização em face das inflações de três dígitos ou mais, aquelas continuam sendo insistentemente recomendadas pela maioria dos economistas e pelas instituições financeiras mundiais, como o FMI e o Banco Mundial.

Esta visão se calca não só nos pressupostos da microeconomia, mas também na convicção popular de que a inflação é um mal em si e a causa da pobreza da maioria da população. De acordo com esta convicção, continuamente veiculada pelos meios de comunicação de massa, o "dragão" inflacionário é criatura de maus governos, cujos defeitos – desonestidade, desperdício, falta de coragem, demagogia e o que mais se queira – produzem o monstro. Logo, bastaria alçar ao poder um governo bom, sem os mencionados defeitos, e o "dragão" inflacionário seria em pouco tempo vencido e eliminado. De acordo com esta ideologia, o combate à

---

[17] O giro ou velocidade de circulação de uma moeda é o número médio de vezes em que ela muda de mãos durante um ano. A existência de ativos indexados permite às pessoas e firmas reduzir ao mínimo seu "caixa" em moeda legal. No dia do vencimento das contas os valores aplicados são convertidos em moeda legal, e os pagamentos são feitos. Assim, a *mesma* quantidade de notas permite fazer *mais* pagamentos.

inflação exige pesados sacrifícios de "todos", mas uma vez sofridas as penas do purgatório, "todos" serão recompensados por uma existência paradisíaca, com preços estáveis.

    O predomínio desta mitologia atesta o atraso da ciência econômica no entendimento dos regimes inflacionários. A superação deste atraso exigirá que a economia ultrapasse os limites convencionais de seu campo de investigação. É que a inflação não se institucionaliza em virtude de alguma fraqueza da Autoridade Monetária, mas em função dos conflitos distributivos, que antepõem classes e frações de classe nas sociedades capitalistas. *Conflito distributivo* é a luta travada entre setores sociais organizados, em que cada um almeja expandir, às custas do outro, sua parcela do Produto Social. Convém distinguir o conflito distributivo do antagonismo de interesses entre agentes de mercado que se defrontam como vendedores e compradores de mercadorias, de força de trabalho, de títulos financeiros etc. As diferenças de interesses entre vendedores e compradores *individuais* são conciliadas mediante a barganha, que culmina em relações livremente contraídas, consagradas em contratos. O conflito distributivo é travado por coletivos à margem do mercado: trabalhadores que fazem greve, patrões que fazem *lockout*, grupos de pressão que agem junto ao Executivo ou ao Legislativo para conquistar subsídios, isenções fiscais, aumentos de salário, de câmbio, baixa de juros, de impostos etc. Os grupos de pressão atuam também no plano político, cada um procurando levar ao governo as correntes partidárias que os favoreçam.

    Os grupos de pressão se organizam e se reforçam com a inflação, à medida que cada fração de classe perde com a alta dos preços que paga e tem dificuldade para repassar o custo mais alto aos seus próprios preços. A inflação faz com que cada fração de classe se engaje em lutas *defensivas*, com o objetivo de recuperar o seu poder aquisitivo ou de prevenir a sua perda. Os grupos de pressão que se organizam antes enfrentam pouca resistência e obtêm êxito nos conflitos distributivos que suscitam. A seguir outras frações de classe aprendem a lição e se organizam também. Ao cabo de certo tempo, grande parte das frações de classe estão organizadas e conseguem repassar cada vez mais depressa e cada vez maior proporção do aumento dos seus custos aos preços. O que aumenta a inflação até que o repasse é generalizado pela indexação dos principais preços. A formalização do reajustamento periódico da maioria dos valores por índices "oficiais" da inflação marca a plena instauração do regime inflacionário, cuja persistência por décadas rotiniza o conflito distributivo, fazendo-o aparecer como consequência da inflação.

Uma importante tendência do regime inflacionário é a crescente politização dos conflitos distributivos, que se travam cada vez mais junto aos órgãos do Estado encarregados de estabelecer as regras de indexação. É que a renda real de cada fração de classe depende, à medida que a inflação cresce, cada vez mais da regra da indexação do preço que cobra em relação às regras de indexação dos preços que paga. E como cabe ao Estado estabelecer e manejar o sistema de indexação, reforça-se seu papel como redistribuidor da renda e como centro em torno do qual se travam os conflitos distributivos.

É importante entender que os conflitos distributivos são uma característica do capitalismo hodierno, sobretudo quando democrático. Estes conflitos surgem em função da dinâmica social e impõem modos específicos de regulação da economia, dos quais a inflação é hoje em dia o principal, mas não o único. A regulação não inflacionária de uma economia capitalista, de todos os modos marcada por conflitos distributivos, requer determinadas condições institucionais ainda não preenchidas plenamente por qualquer país. Seja como for, a única maneira possível de eliminar a inflação com moeda fiduciária é instaurar tal regulação não inflacionária, que provavelmente implicará a gestão política da distribuição macroeconômica da renda mediante negociações coletivas dos preços estratégicos: salários, câmbio, juros etc.

O que hoje passa por "combate à inflação" é apenas um conjunto de políticas econômicas destinadas, na melhor das hipóteses, a reduzir a inflação e a mantê-la em nível baixo[18]. Um regime inflacionário em que o índice de custo de vida sobe 5 por cento ao ano é certamente diferente de outro em que ele sobe 500 por cento ao ano. Não obstante, em ambos os casos a inflação é permanente, e constitui o principal condicionante da política econômica. Pode-se concluir que todos os países capitalistas são, hoje em dia, regulados por regimes inflacionários, havendo diferentes espécies deles.

A inflação altera as principais instituições econômicas, a começar pela moeda, o que impõe uma revisão dos conceitos fundamentais da ciência econômica, em todas as suas vertentes. Tanto a economia neoclássica como a economia marxista se encontram conceitualmente desarmadas perante as economias permanentemente inflacionárias. É a escola da regulação (de clara filiação marxista e keynesiana) a que mais se aproxima da abordagem que no futuro deverá, mais uma vez, revolucionar a economia para dar conta de uma realidade econômica profundamente transformada.

---

[18] Este trabalho foi escrito antes da entrada em vigor do chamado Plano Real (julho/1994).

ADENDO

Tendo tido a ousadia ou a imprudência de concluir este pequeno livro sobre economia com um capítulo sobre "Os temas contemporâneos da economia", abri o flanco à possibilidade de que o que disse ser contemporâneo se tornasse, com o passar do tempo, anacrônico. Por isso, ofereço este adendo atualizador, devidamente datado, como todo texto é. Com toda a probabilidade, dentro de alguns anos, novas atualizações vão se fazer necessárias.

Dois pontos parecem-me carecer de atualização agora. O primeiro refere-se às economias centralmente planejadas, e o segundo é o que trata da regulação inflacionária. Comecemos pelo primeiro. A grande mudança ocorrida desde 1989, quando o texto foi redigido, é que a ex-URSS e demais países da Europa Centro-Oriental repudiaram formalmente o "socialismo realmente existente", que vinham praticando há muitas décadas, para se tornarem "economias em transição" ao capitalismo liberal-democrático.

Esta mudança se deu de forma traumática, com o colapso das instituições "soviéticas" (inclusive do estado nacional da ex-URSS, que se dissolveu em diversos estados independentes) e uma imensa perda de capacidade de produção. Entre 1990 e 1996, o produto social das economias em transição caiu 35,8%; a queda foi muito maior e mais prolongada na ex-URSS, cujo produto diminuiu em 44,6%. A partir de 1993, várias economias em transição da Europa Oriental voltaram a crescer, e algumas estão alcançando um *status* de países medianamente desenvolvidos. Eles passam a constituir um segmento dos chamados "mercados emergentes", ao lado do Leste asiático e da América Latina.

A Rússia, o principal país que compunha a ex-URSS, ainda não superou os traumas da transição.

Do ponto de vista da guerra ideológica, em que os debates econômicos continuam mergulhados, o colapso de uma série de regimes pretensamente socialistas suscitou uma espécie de celebração do capitalismo liberal-democrático como a única alternativa sistêmica existente. Durante vários anos (sobretudo na primeira metade dos anos 90), o marxismo foi considerado morto, e a visão neoclássica tornou-se o "pensamento único" com validade indisputada.

Mas esta euforia já está passando. O capitalismo existente, em sua fase de globalização neoliberal, continua apresentando contradições, basicamente as mesmas que os seus críticos – marxistas e não marxistas – vêm apontando há mais de 100 anos. A primeira e talvez a mais importante é que o capitalismo vitima parcelas expressivas da sociedade por efeito de mudanças técnicas e políticas, que se irradiam pelos mercados com grande rapidez e impactos desconhecidos. Os importantes avanços técnicos que resultam da terceira revolução industrial destroem empregos e profissões, marginalizando muita gente da atividade econômica e condenando comunidades e países inteiros à pobreza, enquanto cria, por outro lado, novas oportunidades econômicas para outros grupos sociais, comunidades e países.

A exigência liberal de que os resultados do jogo de mercado não devem ser contestados pela ação estatal impede que da massa de benefícios aleatórios uma parcela possa ser captada para compensar as perdas aleatórias que o referido jogo distribui a esmo. De modo que mesmo nos países do centro capitalista, em que se gera o progresso tecnológico, as taxas de desemprego são inaceitavelmente elevadas, e a distância entre ricos e pobres aumenta continuamente.

Uma segunda contradição decorre da perda de controle sobre os capitais, que os estados nacionais sofreram desde os anos 80. Um dos aspectos cruciais da globalização é a centralização dos capitais em um número limitado de empresas transnacionais, que atuam em dezenas de países, tomando parte na produção de milhares de mercadorias diferentes. Os governos nacionais, que abriram seus mercados internos aos capitais e mercadorias do exterior, são quase impotentes para condicionar a alocação de recursos destes imensos conglomerados capitalistas, que aparentemente se guiam apenas pela maximização dos lucros.

Esta impotência dos estados nacionais é agravada pela privatização das empresas estatais produtivas, que tende a eliminar qualquer possibilidade de política fiscal anticíclica. Em suma, o capitalismo atual está tão instável como sempre foi, mas perdeu o contrapeso das políticas macroeconômicas de estabilização e de pleno emprego. De modo que o encanto com o capitalismo liberal-democrático, como vencedor definitivo da Guerra Fria, está passando, e a sucessão de crises financeiras internacionais está colocando cada vez mais na ordem do dia a necessidade de órgãos estatais globais ou plurinacionais que possam novamente controlar os capitais privados e assim superar suas contradições.

****

Quanto ao problema da inflação, a grande mudança ocorrida no Brasil foi o êxito do Plano Real em reduzir o patamar inflacionário de quatro dígitos para um. Estabilizações semelhantes foram implementadas, um pouco antes, em outros países, sobretudo da América Latina: Bolívia, México, Argentina, Peru etc. Não há dúvida de que esta redução do índice da inflação foi imensamente benéfica ao país. A inflação de quatro dígitos era traumatizante e fazia a vida econômica e política do país girar exclusivamente ao redor da dança aloucada dos valores relativos. O texto neste livro a este respeito continua válido.

A redução do patamar inflacionário permitiu à economia retomar certa normalidade, com mais concorrência nos mercados e menos obsessão com a perda de valor quase instantânea (que deixou de haver) das reservas líquidas de pessoas físicas e jurídicas. Isso criou entre nós a ilusão de que a inflação acabou. Na realidade, ela continua mas no nível em que hoje ela está na maioria dos países "normais". Uma inflação de 3 a 5% ao ano é significativa e faz estragos não pequenos em períodos de tempo um pouco maiores, sobretudo quando não há mais correção monetária. Uma inflação anual de 4% em 5 anos reduz em 18% o poder aquisitivo de um salário nominal não corrigido.

Portanto, as economias capitalistas atuais, inclusive a brasileira, continuam sob regulação inflacionária. A preocupação em impedir que a inflação se descontrole continua comandando as políticas monetária e financeira e continua sendo o principal critério que justifica políticas fiscais restritivas. É muito provável que o desempenho da economia mundial esteja sendo tão decepcionante – as taxas de crescimento são cada vez menores, dos 1970 aos 1990 – porque os mercados financeiros autonomizados têm horror a políticas que consideram "inflacionárias" e punem com a retirada de capitais os países cujos governos são suspeitos nesta matéria.

São Paulo, fevereiro de 1998.

SUGESTÕES DE LEITURA

FREY, B. *A nova economia política*. Rio de Janeiro: Zahar, 1983.

FURTADO, C. *Prefácio à nova economia política*. Rio de Janeiro: Paz e Terra, 1976.

LANGE, O. *Moderna economia política*. Rio de Janeiro: Fundo de Cultura, 1963.

MANTEGA, G. *A economia política brasileira*. São Paulo: Polis, 1984.

NAPOLEONI, C. *Curso de economia política*. Rio de Janeiro: Graal, 1979.

ROBINSON, J. *Introdução à teoria do emprego*. Rio de Janeiro: Forense Universitária, 1980.

SANDRONI, P. *Exercícios de economia. Os mercantilistas, Smith, Ricardo e Marx, em sala de aula*. Rio de Janeiro: Espaço e Tempo, 1988.

SINGER, P. *Curso de introdução à economia política*. Rio de Janeiro: Forense Universitária, 1976.

_____. *Aprender economia*. São Paulo: Contexto, 1998.

SWEEZY, P. *Capitalismo moderno*. Rio de Janeiro: Graal, 1977.

GRÁFICA PAYM
Tel. [11] 4392-3344
paym@graficapaym.com.br